27
Ln 11646.

APPEL

AU

BON SENS,

DANS LEQUEL

M. DE LA TOUR

SOUMET A CE

JUGE INFAILLIBLE,

Les Détails de sa Conduite relativement à une Affaire qui fait quelque Bruit dans le Monde.

Publié par M. KEARSLEY, No. 46, Fleet Street.
(PRIX 1s. 6d.)

1788

APPEL

AU

BON SENS.

―――――――――――――――

GOOD SENSE, which only is the gift of heaven.
POPE.

―――――――――――――――

Cet exposé rapide qui n'a été pour moi que l'ouvrage de quelques heures, devoit paroître il y a huit jours, & a langui depuis sous la main de l'imprimeur. Je crains qu'on ait perdu de vue l'adresse de M. de Calonne; elle se trouve dans divers papiers publiés du premier au cinq de ce mois.

―――――

LA Dame de la Motte vient de publier un pamphlet, intitulé *Adresse au Public*, dans laquelle elle expose les motifs qui ont retardé la publication de ses mémoires.

Mr. de Calonne a répondu dans les papiers-nouvelles par une *adresse au public*, dans laquelle il traite le pamphlet de libelle calomnieux.

Le public doit être las d'*adresses*. J'ai pour elles l'aversion cordiale que leur porte Lord Thurlow. J'ai d'ailleurs lu des auteurs mécontents qui ne font pas grand cas de ce qu'on appelle le *public*, & je n'ai jamais entendu dire que du bien du BON SENS. C'est donc à lui, à lui seul que je porte mon APPEL. Je vais rapporter des faits ; je ne me permettrai pas même d'en tirer des inductions ; je ménagerai au *bon sens* le plaisir de raisonner.

En parcourant le pamphlet de la Dame de la Motte, j'y remarque l'origine, les progrès, les suites d'une querelle élevée entre elle & le Sieur de Calonne & totalement étrangère à moi. Mon nom ne m'y offusque pas jusqu'à un certain point parce que rien ne m'indique qu'il y soit placé par la malignité ; j'avois prévu depuis long-tems que j'aurois le chagrin de le voir compromis. Je sens qu'elle ne pouvoit le supprimer ; c'est un sentiment douloureux ; il m'est affreux de penser qu'une femme dans sa situation, ait eu à se plaindre de moi.

Il n'en est pas de même de l'adresse de M. de Calonne. Il ne m'y nomme point sans l'intention visible de me nuire. Au commencement du troisiéme alinéa il dit que " vers la fin de 1787, Mr. de la Tour qu'il *n'avoit jamais vu*, vint lui offrir ses services pour empêcher la publication des mémoires en question ;" le *bon sens* croiroit M. de Calonne sur sa parole, si je ne relevois pas ce petit anacronisme ; mais le fait est que l'annonce de la Dame de la Motte est du 21 ou 22 Décembre 87, que les pleins pouvoirs que me donna M. de Calonne de traiter, sont datés du lendemain, & qu'à cette époque, indépendamment de quantité de preuves collatérales que je me réserve, il en existoit une bien marquante de mes liaisons funestes avec M. de Calonne ; on trouvera fur les livres de Sir Robert Herries la notice d'une traite que je crois de foixante livres fterling, laquelle m'avoit été payée à fa banque pour le Comte du Sieur de Calonne, en à-compte de mes opérations littéraires avec lui. Si le *bon fens* qui nomme un chat, un chat, nomme tel anacronifme, un menfonge, ce n'eft pas ma faute ; moi j'ai étudié le ton de la cour fous M. de Calonne ; j'apelle un menfonge, un anacronifme.

Que dira enfuite ce même *bon fens* lorfque réfléchiffant fur la tendance d'une affertion fi imprudemment hafardée, il fentira que l'objet de M. de Calonne étoit de me repréfenter comme un aventurier, un intriguant, allant de porte en porte propofer des affaires ! Heureufement, ma pareffe, ma nonchalance, mon défintéreffement, fources de quelques afflictions paffagéres, compenfées par le fentiment, font auffi connus de mes amis que le font de la France entière l'activité & *l'habileté* de M. de Calonne. Heureufement je puis lui faire, tête levée, cette propofition-ci, " lorfque nous en viendrons à un jugement légal que vous éloignez avec toute l'induftrie dont vous êtes capable ; j'annoncerai à mes frais dans les papiers publics que s'il eft un homme au monde qui jamais m'ait employé à prix d'argent dans aucune intrigue ou négociation quelconque, je le fomme de comparoître, & de me dénoncer au tribunal. Je ferai plus. Je dirai dans ces mêmes papiers publics que s'il eft un homme au monde qui m'ait jamais payé un écu pour écrire, compofer, publier un paragraphe, une ligne, foit dans les papiers anglois, foit dans ma propre feuille du

Courier de l'Europe : Je le somme d'en venir déposer à la cour où nous serons jugés."

Un homme qui peut tenir un pareil langage dans un païs où il a vécu dix-sept ans, dont plus de la moitié a été employée à écrire des feuilles périodiques ; je vous le demande ô mon ami *bon sens*, étoit-il un intriguant, un scribe ? étoit-il homme à se jetter à la tête de M. de Calonne, pour lui proposer une affaire qui, fut-il aussi intriguant que M. de Calonne lui-même, ne se fut jamais présentée à son idée, par une raison bien simple ; c'est qu'au moment où il fut question de cette malheureuse négociation ; Je venois de publier, en entier, dans le troisiéme volume de l'Asile *le compte rendu des procédures du parlement contre les Sieur & Dame de la Motte* ; ce qui ne pouvoit supposer une intelligence bien intime entre eux & moi, mais je reviendrai à cette circonstance.

Il faut que M. de Calonne ait une mémoire bien infidelle pour s'être permis de publier dans les papiers, qu'il ne m'avoit jamais vu ! heureusement pour lui, ce qu'on fait inférer dans ces sortes de feuilles n'est point déclaré sous serment, & il faut espérer que lorsqu'il répondra aux faits & articles sur lesquels je l'ai fait interroger en chancellerie, il sera plus circonspect. J'ai eu l'attention, je pourrois dire la charité de lui envoyer copie des lettres que j'ai de lui, afin que, dans ses charmantes légéretés il ne s'avisât pas de faire des *anacronismes* du genre de celui que je viens de relever. Je lui ai demandé justice, mais non pas que l'on fit justice de lui ; je le mets donc sur ses gardes, & je lui répéte en public ce que je lui ai écrit en particulier, que dans la première des treize lettres dont je l'accablerai en juftice, il m'écrit (le lendemain même du jour où l'annonce de la Dame de la Motte avoit paru) comme on écrit à un confident intime ; il finit par me dire " vous connoiffez mes fentimens pour vous, je " n'ai pas befoin de figner ;" & cet homme *ne me connoiffoit pas !* O Mr. de Calonne ne dites pas cela fous ferment ; vous m'avez donné, vous me donnez encore bien du chagrin, mais je ne defire pas votre perte. Quelques pages plus loin je rétablirai l'état de la queftion, & vous fentirez vous même qu'il ne peut m'être indifférent de paffer pour avoir cédé au défir que j'avois de vous obliger, ou pour un intriguant qui auroit été d'emblée vous propofer une pareille négociation. Je me fuis étendu fur ce premier point de l'*adreffe* de Mr. de Calonne pour me mettre en état de dire *ab uno difce omnes* ; le refte fe développera dans le cours de cet expofé qui ne fera ni long, ni travaillé, car je n'en ai pas le tems. Je fuis provoqué ; j'écris à la hâte ; à l'infçu de mon confeil, crainte qu'il ne m'arrache la plume ; tout ce que je pourrai faire par déférence pour lui, c'eft de fupprimer la publication des lettres, je ne ferai que les indiquer au befoin, il feroit fuperflu d'obferver que M. de Calonne a été l'aggreffeur.

FAITS*

Pour rendre compte de la feule partie de ma conduite qui foit fufceptible de quelques reproches; Je me trouve dans la néceffité de déclarer, qu'après avoir honorablement vécu 13 ans en Angleterre, dans la plus parfaite indépendance; j'éprouvai en 1784 des revers qui ne m'ont jamais affecté quant aux privations qui en étoient inféparables, mais dont les fuites ont été terribles pour moi, en ce qu'elles m'ont mis, pour la première fois de ma vie, dans une efpèce de dépendance. J'avois foutenu pendant trois ans, avec dignité, les inconvéniens attachés à une fituation gênée, lorfque des circonftances, indifférentes au public, me firent entreprendre au commencement de 1787 une feuille périodique, intitulée l'*Afile*. M. le Comte de Vergenne avoit paru l'accueillir & m'avoit flatté de l'efpoir de la voir circuler en France, ce miniftre tomba malade, languit quelque tems, & mourut. M. de Montmorin me marqua de la bienveillance, mais les journaliftes privilégiés fe liguèrent contre moi, & prévalurent; les portes de la France me furent fermées : le débit en Angleterre ne compenfoit pas les frais; c'étoit ce qu'on appelle une mauvaife affaire.

---

* Comme j'écris réellement à la hâte & fais imprimer à mefure fans révifion; je ne prens pas le tems de vérifier les dates, & demande grace pour des erreurs de 24 ou 48 heures.

Vers le tems où je m'appercevois le plus du poids dont étoit pour moi l'entreprise; le hasard voulut que M. de Calonne employat le Sr. Spilsbury, mon imprimeur; il étoit naturel que cette circonstance fournit respectivement l'occasion de nous entretenir les uns des autres sans nous connoître. J'ai lieu de croire que cet honnête homme dit du bien de moi à Mr. de Calonne: il m'en dit beaucoup de l'exministre; lorsque le mémoire de Mr. de Calonne parut, je crus obliger Mr. Spilsbury en en parlant avantageusement dans ma feuille, probablement il remarqua que M. de Calonne en étoit flatté; il connoissoit ma position, avoit calculé mes pertes; il me témoigna à diverses reprises qu'il étoit étonné que je n'eusse jamais pensé à voir M. de Calonne, homme sensible, obligeant, généreux & dans lequel je pourrois trouver un ami utile. Plusieurs semaines s'écoulèrent avant que je fisse une démarche qui n'est pas dans mon genre; mais je réfléchis enfin qu'effectivement j'avois prévenu M. de Calonne d'honnêteté & que s'il me goutoit il pourroit me rendre des services. Ainsi je commence par convenir que la fatalité de ma situation m'y entraina & que, si je lui portai une ame franche, elle n'étoit pas tout-à-fait désintéressée. Je vis donc Mr. de Calonne vers la fin d'Octobre: il me fit beaucoup d'accueil, m'offrit de me communiquer sa correspondance politique; en conséquence je pris l'habitude d'aller tous les jours de Courier chercher de l'aliment pour ma feuille.

Comme dans ces entrefaites M. de Calonne m'avoit fait des offres de service, vers le milieu d'Octobre, à ce que je crois me rapeller, je hasardai de lui demander deux mille écus *à titre de prêt*: il me les accorda avec grace; & mettant sur le champ ma reconnoissance à contribution, il s'empara de ma feuille au point que je ne me considérai plus que comme son sous-éditeur. C'est avec cette batterie, derrière laquelle il se retrancha qu'il foudroya ou crut foudroyer l'Archevêque de Sens, dont je suis persuadé qu'il se flatte encore aujourd'hui d'avoir consommé la ruine.

En voyant M. de Calonne user si librement de ma feuille, je me répétois souvent, en gémissant, cela n'est pas généreux; mais il me dira qu'il m'a payé d'avance.

Cependant, les souscripteurs n'étoient pas payés pour admirer; ils se dégoûtoient, se retiroient successivement. Lorsque je vis la feuille à la veille de tomber j'en avertis M. de Calonne, je lui demandai assez ouvertement si son intention étoit de la soutenir? Il le refusa & j'y renonçai; tous mes amis étoient indignés; moi, je me disois: il croit m'avoir dédommagé; point du tout, c'est qu'un beau jour il m'invita à donner des *reçus* à Mr. Herries, & Mr. Herries me fit signer des *billets à ordre*! que pense le *bons sens* de pareils procédés? qu'en penseront des jurés anglois? le fait est que je perdis douze mille francs à ce jeu là. Je n'ai pas le tems de vérifier, & je ne puis fixer de mémoire de combien l'époque de la signature de ces billets est éloignée de celle à laquelle je vais passer.

Le 23 Décembre 1787 fur les dix heures du matin, je me trouvais chez Mr. de Calonne où j'allois chercher le bulletin politique du dernier Courier. Je caufois avec lui & avec Mr. l'Abbé fon frère; une perfonne, que je crois être un maître de langue, montroit à une autre perfonne, que je ne me rapelle pas, l'annonce que Madame de la Motte avoit inférée dans le *Morning Poft* de ce jour là, concernant la publication prochaine de fes mémoires: nous entendîmes cette converfation, Mr. de Calonne prit le papier, effaya de le lire & me pria de le faire; je le lui lus en françois, il fe récria fur le fcandale qu'occafionneroit cette publication; dit qu'il ne pouvoit oublier qu'il avoit été miniftre, honoré de la confiance du roi, & *quelque tems*, des bontés de la reine; que s'il étoit poffible d'empêcher que ces monftruofités viffent le jour, il feroit tout au monde. Me demandant enfuite fi je connoiffois les Sieur & Dame de la Motte, je lui répondis que je ne les connoiffois même pas de vue & que mon crédit auprès d'eux feroit probablement très-borné, par la raifon que je venois de publier un volume entier des procédures faites contre eux: ce qui n'avoit pu les difpofer favorablement pour moi. Me rappellant un moment après qu'ils logeoient chez un Mr. MacMahon que j'avois employé pendant quelques années à la fous-rédaction du Courier de l'Europe; je lui dis que fi cela lui étoit agréable je verrois ce particulier & lui demanderois des éclairciffemens. M. de Calonne me prit au mot, & *le jour même* je vis Mr. MacMahon qui me mit au fait des prétentions de

Sieur & Dame de la Motte. *Le lendemain* fut fixé pour produire le banquier qui devoit garantir l'accomplissement de mes promesses ; & *le surlendemain* M. de Calonne m'écrivit la lettre dont j'ai déja parlé, dans laquelle il me donne les pouvoirs de traiter de cette affaire qu'il qualifie de *vraiment importante*. C'est ainsi que la fatalité m'entraîna dans cette inconcevable négociation, sans me laisser le tems de réfléchir. Si j'eusse eu seulement vingt-quatre heures d'intervalle, mon dégoût invincible pour tout ce qui tient à l'intrigue m'eut sauvé ; mais je fus ébloui par l'idée de servir la reine, cette illusion me fit faire le premier pas ; l'espoir des récompenses précipita tous les autres ; je me vis transporté sur le mont Sinai, je vis devant moi toutes les richesses de la terre ; l'esprit tentateur me dit qu'elles étoient à moi si j'empêchois la publication des mémoires prétendus redoutés. Ce ne fut qu'avec beaucoup de peine que je parvins à voir la Dame de la Motte, elle avait à cœur *le compte rendu* que j'avois publié, cependant elle me reçut à la fin, je lui fis voir à mon tour une partie des trésors que Mr. de Calonne avait mis à mes pieds ; nous entrâmes en traité ; elle me dit que ce qu'elle avoit perdu par la confiscation de ses biens montoit à seize cent mille livres ; que si on lui restituoit cette somme elle livreroit les *papiers* dont elle étoit munie & brûleroit ses mémoires.

Sur le rapport que je lui en fis, M. de Calonne me dit que la demande ne lui paroissoit pas exorbitante, qu'il croyoit en effet que la confiscation avoit pu monter à cette somme, & non seulement il m'autorisa à la promettre, mais il engagea son banquier Herries à écrire à la Dame de la Motte qu'il avoit entre ses mains *une grosse somme* à la disposition de moi de la Tour, au moment où les papiers annoncés seroient délivrès. Cette lettre existe, j'en ai copie.

Le *bon sens* demandera quelqu'explication sur ce fait un peu louche; il sera curieux de savoir si cette *grosse somme* avoit déjà été déposée par la reine, ou par M. de Calonne ? M. Herries déclaroit l'avoir entre ses mains; qu'est-elle devenue ? Ce qu'il y a de certain c'est que moi qui devois en disposer & qui l'avois promise, je n'en ai jamais donné main levée; de sorte que, si je me permettois de raisonner, je dirois que c'étoit un jeu concerté. Quoiqu'il en soit, ou qu'il en ait pu être ; la Dame de la Motte comptant la signature d'un Banquier pour quelque chose; me produisit enfin ses *papiers*.

Je dois avouer à la décharge de M. de Calonne que jusqu'à ce moment-là nous avions entendu lui & moi que ces *papiers* étoient des lettres originales, supposées écrites par un personnage auguste & un grand seigneur; j'avois même tiré de M. de la Motte un billet dans lequel il déclaroit *sur son honneur* qu'il avoit des *lettres* de la R———. & du C———. quand on en vint à la production; il me dit que, par *lettres* il n'avoit pas entendu *lettres originales*; que sa femme n'avoit pu en avoir, mais qu'elle avoit des *copies* qui valoient tous les originaux du monde. Je crus ma mission à sa fin, & je me retirois sans regret d'un ministère qui me déplaisoit beaucoup ; lorsque M. de Calonne me rétablit dans toute ma dignité ; il fut ou feignit d'être frappé de la grande probabilité qui caractèrisoit la plûpart de ces lettres ; il y remarqua les traits de l'authenticité, & je le défie comme gentilhomme de me nier le propos qu'il me tint à cette occasion.

" Monsieur, me dit-il, nous tenons le bout " d'un fil qui nous menera loin ; soyez discret."

D'ailleurs comme avant de le voir, je lui avois fait passer ces papiers en communication ; il m'avoit écrit en me les renvoyaat deux seules lignes qui prouvent assez l'importance qu'il y attachoit. J'avouerai que j'y fus pris ; que ne soupçonnant pas ses motifs, je m'en rapportai aux lumières qu'il avoit été à portée d'acquèrir dans le ministère ; il me dit que M. de Vergenne lui avoit confié la plupart des particularités contenues dans ces copies de lettres ; je repris confiance. Ce fut alors qu'il me fit écrire la seconde lettre, dont il parle dans son adresse au public, laquelle il prétend avoir fait parvenir au roi & à la reine pour faire part à leurs majestés de cette *nouvelle découverte*.

Il est à remarquer, que cette lettre ainsi que la première & cinq ou six autres ont toutes été écrites par moi sur son bureau, sous ses yeux ; en partie sous sa dictée, *le bon sens* l'a sûrement déjà soupçonné à la manière dont M. de Calonne en parle. Si toutes ces lettres sont réellement parvenues dans le tems à leurs majeſtés, ce que j'écris aujourd'hui n'aura rien de nouveau pour elles. J'ai dû beaucoup les ennuyer, car je me rapelle en avoir écrit de huit pages; auſſi n'ai-je pas reçu de leur part les remerciemens gracieux qu'elles ont daigné tranſmettre à M. de Calonne dont il prétend qu'elles ont trouvé la conduite irréprochable.

Ce fut quelques jours après le départ de cette ſeconde lettre oſtenſible que je m'aviſai de rendre à M. de Calonne une converſation que j'avois eue avec une Dame de mes amies; ſur la confidence que je lui avois faite de la marche de l'affaire, elle m'avoit dit que M. de Calonne connoiſſoit mal les femmes; que de la manière dont il s'y prenoit, il avoit l'air de propoſer un marché à l. R——. que du moment où il avoit cru que la ſuppreſſion de ces papiers pouvoit être agréable à S. M——. il eut dû autant par politique que par délicateſſe en faire l'acquiſition, les ſceller ſous enveloppe & en faire hommage à ſa ſouveraine.

" Madame une telle a raiſon, me dit M. de Calonne dans un mouvement de raviſſement—les femmes voyent mieux que nous dans ces ſortes de matières,—oui, elles ſont plus délicates,—elle a raiſon. Je vous remercie de l'avis,—oui j'en ferai l'acquiſition,—mais, Monſieur, il faut conſidérer qu'un particulier n'a pas les moyens d'une ſouveraine, il faudra tâcher d'amener ces gens-là à des termes plus raiſonnables. Parbleu il eſt bien ſingulier que parce que Madame une telle a vu la choſe ainſi, je fois obligé de transférer une partie de ma fortune à ces gens-là."

M. de Calonne me parla enfuite de leur faire une rente viagère & de ne leur donner comptant que l'argent néceffaire pour l'acquit de leurs dettes ; tout cela fe difoit fi férieufement, & me fut répété fi long-tems après, que j'avois gravement préparé la Dame de la Motte à rabattre de fes termes : quant à moi il me dit que je n'aurois fans doute pas de difficulté à accepter deux mille cinq cent livres fterling, aulieu de cinq mille qui devoient être mon traitement ; je proteftai que non.

Les chofes en étoient à ce point & j'attendois journellement la conclufion du marché, lorfque M. de Calonne me frappa d'étonnement, pour ne pas dire d'un peu de défiance lorfqu'il me dit (ô bon fens écoutez bien ceci).

" Toutes réflexions faites, Monfieur, ces
" papiers, dans l'état ifolé où ils font, ne *difent*
" *rien*; je crains que la Reine n'y attache aucun
" prix. J'ai reçu une lettre de la Ducheffe
" de Polignac qui me dit que S. M——. veut
" favoir *minucieufement* tout ce que ces gens ont à
" dire ; il faut un cadre à ces lettres ; il faut
" favoir en quelles circonftances elles ont été
" écrites. Madame de la Motte avait annoncé
" la publication de fes mémoires, fans doute
" ils étoient prêts ; elle ne doit point faire
" difficulté de vous les communiquer ; c'eft
" leur fuppreffion que je veux acheter, & non
" pas la feule correfpondance qu'ils contiennent. Je veux mettre la Reine dans le cas d'en

" faire l'usage qu'elle jugera convenable ; il ne faut
" laisser aucuns papiers à ces gens-là, il faut qu'ils
" livrent tout."

" Hé mais, Monsieur, lui observai-je, j'ai déja eu
" l'honneur de vous dire qu'ils n'ont rien, si ce n'est
" quelques lambeaux indéchiffrables, de confrontations
" & notes ébauchées de la main de la Comtesse."

" Fort bien, mais s'ils n'ont rien écrit ils avoient
" projet d'écrire ; s'ils ne peuvent pas écrire ils peuvent
" parler ; exigez je vous prie qu'ils vous dictent ce
" qu'ils avoient à dire ; je ne puis traiter sur aucun
" autre pied ; *la Reine veut absolument tout savoir, tout
" connoître*, je ne puis m'écarter de ses ordres."

Avant que tu l'ayes prononcé, ô bon sens mon idole,
je passe condamnation. A de pareilles propositions j'eusse
dû fuir & ne m'arrêter qu'à cent lieues de M. de Calonne. Mais tu ignores combien cet homme est subtil,
spécieux, insinuant ; il remarqua mon agitation, me
harangua pendant deux heures sans prendre ha-
leine ; voici à peu près ce qu'il me dit en substance.

" Ce n'est pas à nous, Monsieur, qu'il appartient de
" sonder les motifs de S. M—. sans chercher à les ap-
" profondir il me paroît assez naturel qu'elle desire
" être instruite de circonstances qui lui étant étrangères,
" Lui ouvriroient les yeux sur quelques personnes
" qu'elle suppose devoir être compromises dans le déve-
" loppement de toutes ces intrigues. S. M——. a déja
" connoissance de la correspondance, le seul point qui
" puisse l'affecter, le reste ne peut qu'être accessoire &
" instructif pour elle ; *il ne s'agit point de rédiger des
" mémoires en forme,* mais d'en assembler *les matériaux* &
" de les lui présenter: en un mot, *telle est sa volonté,* & je
" *n'achete* qu'à ce prix." La dessus M. de Calonne fit
semblant de me relire les instructions de Madame de
Polignac.

Tout en admirant la bizarrerie de cette prétendue
fantaisie royale, je me rendis aux fausses représentations
de l'orateur. Je revis les Sieur & Dame de la Motte ;
leur fis part de la nouvelle condition à laquelle l'exécu-

C

tion du traité étoit attachée ; je les invitai à me donner des notes ; ils s'en occupèrent fur le champ. Celles qui étoient de pur narré, écrites de la main du mari étoient généralement affez nettes, je me bornois à y corriger quelques fautes & je numérotois les pages. L'ouvrage de la Comteffe demandoit plus de travail, j'étois obligé de le refondre. Je joignois mon écriture à celle du Comte, je numérotois & faifois paffer le tout à M. de Calonne.

C'eft ainfi que, feuille par feuille, morceau par morceau, s'accumulérent infenfiblement tous ces matériaux découfus qui s'annoncent aujourd'hui fous le titre de *Mémoires de la Comteffe de Valois la Motte!* Ne perdez pas de vue, ô *bon fens* que c'eft par *ordre exprès* de la Reine que j'en avois fait la compilation ; obfervez que M. de Calonne convient dans fon adreffe au public, que *cette compilation étoit deftinée à la reine feule.*

C'eft dans cet état informe qu'elle refta entre les mains de M. de Calonne qui nous apprend dans cette même adreffe, qu'il avoit OFFERT au roi & à la reine de la faire paffer à leurs Majeftés!

Le beau projet d'*acheter* les mémoires s'étoit donc déja évanoui ! Ce pur enthoufiafme qui avoit tranfporté M. de Calonne lorfqu'il avoit conçu l'idée d'un procèdé honnête & délicat, étoit donc revenu à l'inftinct primitif. M. de Calonne marchandoit donc encore avec fa fouveraine, & tout reftoit en fufpens jufqu'au moment où il fauroit, ce qu'on feroit pour lui s'il faifoit telle chofe.

Ce moment arriva ; M. de Calonne, nous apprend que pour la feconde fois on lui notifioit de Verfailles, *par l'entremife du Duc de Dorfet,* (étrange canal pour un fujet françois que celui d'un Ambaffadeur anglois ! Il y auroit trop à dire fur ce point) qu'on ne vouloit rien faire & que de tels mémoires ne méritoient que du mépris.

M. de Calonne ajoute qu'il m'informa *fur le champ* de cette réponfe ; de la réfolution qu'il avoit prife de ne plus entendre parler de cette affaire, & de rompre toute communication, tout commerce avec moi !

Comme pareille rupture eut été malhonnête, la preuve qu'elle n'eut pas lieu de cette manière & dans ce tems-là, est que M. de Calonne ne dit pas que j'aie paru offensé ; ce que j'eusse certainement fait s'il m'eut traité avec pareille *légéreté* ; mais M. de Calonne se permet encore ici un *anacronisme*. Nous tirions alors, à ce que je crois, sur la fin d'Août : notre rupture ne date que du 20 Octobre suivant. Non l'exministre ne précipite pas ainsi ses mesures ; leur profondeur demande, des calculs, de la méditation, par conséquent du tems. Il se garda bien de me parler de la réponse qu'il venoit de recevoir ; elle m'éloignoit à jamais de lui, & il avoit besoin plusque jamais de moi. Voici ce qu'il entend par rompre tout commerce.

Il me dit qu'il attendoit d'un jour à l'autre l'ordre de transmettre les mémoires ; qu'il les avoit relus récemment & qu'il y avoit remarqué des détails qui n'étoient pas présentables à une femme. Il faut commencer par éclaircir ce point qui sert de prétexte aux corrections qu'il fit à ma compilation.

Je m'étois fait une loi de ne rien dénaturer des matériaux originaux que m'avoient fourni le Sieur & la Dame de la Motte ; ma tâche se bornoit à établir un peu d'ordre & à rendre intelligible ce qui ne l'étoit pas. Dans les notes que j'avois remises il s'en trouvoit une que j'avois conservée pour la communiquer à M. de Calonne seul, parce qu'elle m'avoit parue singulière.

M. de la Motte y prétend qu'ayant été sur le point de partir pour Paris à l'effet d'être entendu au procès ; M. d'Adhémar lui avoit donné, entre autres instructions, celle de rapporter *mot pour mot* des discours très-indécents, très-grossiers, supposés avoir été tenus par le C——, sur le compte de la R——, ce morceau dégoutant se trouvoit dans le reste du farrago, & lorsque M. de Calonne me parla de la nécessité de le supprimer, certainement je ne demandai pas grace pour lui : je ne me rapelle pas ce qu'il y fubftitua ; mais, rien ne pouvoit être pire.

Revenons à ce que me dit M. de Calonne lorfqu'il eut reçu la foudroyante réponfe de Verfailles.

" D'après la revifion que j'ai faite de ces mémoires ;
" ils me paroiffent fufceptibles de quelques change-
" ments & corrections. Il y manque de l'enfemble,
" *il n'y a point de peroraifon.* Quelques négligences y
" décèlent la hâte avec laquelle ils ont été compilés ; il
" faut fur-tout fupprimer ces prétendus propos du car-
" dinal. Tout cela occafionnera beaucoup de ratures ;
" il faudra les remettre au net : je fuis d'avis que nous
" les retouchions enfemble ; dans leur état actuel ils
" ne font pas préfentables."

Comme le manufcrit étoit déja chargé de mes propres ratures je fentis la néceffité de le tranfcrire, & je répondis à M. de Calonne qu'il feroit bien de m'indiquer lui même-les corrections qu'il jugeroit convenables.

" Nous travaillerons le tout enfemble, reprit-il ;
" mais je vous préviens, que parmi mes gens même,
" j'ai des efpions ; que nous nous fommes vus trop fré-
" quemment chez moi ; qu'on en parle ; il fera plus
" prudent de rompre les chiens, & de nous voir dans
" des auberges des environs de Londres ; il n'y a pas
" un moment à perdre parce que *j'attends à chaque inftant*
" *les ordres de la cour.*"

Le premier rendez-vous fut affigné pour le lendemain. J'ai quatre billets qui en prouvent quatre du même genre, c'eft-à-dire que les corrections prirent cinq féances de quatre ou cinq heures chacune. Je protefte n'y avoir pas la moindre part ; & fur l'honneur je n'ai aucune idée de leur teneur ; il y en avoit entre les lignes ; il y en avoit aux marges. Tout cela fe traçoit au crayon, je recouvrois d'encre avec la plume. Je ne prétends point aggraver les faits ; je ne dis pas que M. de Calonne ait envenimé les chofes ; je l'ignore abfolument, n'ayant jamais relu ces corrections, pas même en les recouvrant, parce que ma vue étoit plus occupée du trait que j'avois à fuivre que du fens que présentoient les mots. Comme je ne pouvois lire dans l'ame de M. de Calonne, je ne désapprouvois pas les soins qu'il prenoit pour rendre la compilation à peu-près *présentable*. Si j'eusse su alors que la Reine avoit rejetté l'OFFRE; mon rôle m'eut fait horreur; mais, je l'ai dit, c'est ce que M. de Calonne m'avoit soigneusement caché. Je ne tardai pas à pénétrer l'horrible mystère.

La nature des événements même me fait supposer que c'est à l'époque de nos excursions aux champs que la Dame de la Motte écrivit à M. de Calonne pour lui emprunter deux mille écus; la demande fut refusée: la comtesse écrivit en femme irritée, l'aigreur s'empara des esprits & précipita le dénouement. Les mémoires étoient revus & corrigés, M. de Calonne en étoit venu à ses fins, il ne s'agissoit plus que d'en nécessiter la publication.

Ce fut alors que M. de Calonne me parla enfin de la lettre de Versailles comme s'il venoit de la recevoir; il me dit que, comme il n'avoit rien pu faire pour lui, il ne pouvoit rien faire pour les Sieur & Dame de la Motte; qu'à mon égard, il sentoit que je devois être dédommagé des peines que j'avois prises; que nous nous arrangerions *au jour prochain*; qu'en attendant, puisque la Dame de la Motte redemandoit péremptoirement ses mémoires, il falloit les lui rendre.

Le *bon sens* s'indigne d'une telle proposition. Il m'assista dans le premier moment; mais une voix plus impérieuse que la sienne le subjugua. Je représentai avec force à M. de Calonne le danger & même l'injustice de procéder ainsi. Je lui dis qu'ayant été amusé pendant sept mois de promesses, j'avois amusé de même les Sieur & Dame de la Motte qui avoient fait fond sur ma probité autant que sur la signature du banquier Herries; qu'il étoit inhumain de leur donner leurs propres papiers en payement; qu'ils me demanderoient l'usage que j'en avois fait; qu'ils pourroient me susciter la plus sérieuse des affaires: j'ajoutai qu'il étoit infiniment dangereux d'ailleurs de remettre entre les mains de gens irrités un manuscript, en majeure partie écrit de ma main; qu'ils en pourroient faire le plus funeste usage.

" Hé bien, me dit-il, ne le leur confiez pas ; qu'ils " en prennent copie que vous leur dicterez vous même, " ensuite nous brûlerons l'original. " Trouvant quelque sûreté dans cet expédient, & tourmenté d'un autre genre d'inquiétude, je commençai à mollir. Je saisis ce moment pour représenter à M. de Calonne, que depuis dixsept ans j'étois condamné à vivre de ma plume ; que des deux mille écus qu'il m'avoit avancés tant à la fin de 1787 qu'au commencement de 1788 il savoit que j'avois été obligé de payer la majeure partie pour liquider les frais de mon entreprise littéraire ; que depuis sept mois que je m'étois occupé de cette malheureuse négociation je n'avois reçu que douze cens livres tournois : qu'ayant sans cesse devant les yeux les sommes qu'il m'avoit solemnellement promises, je n'avois pas mesuré ma dépense sur l'exiguité de mes moyens ; que j'avois contracté des dettes ; qu'il m'en connoissoit une qu'il avoit toujours promis d'arranger ; qu'en un mot je ne pensois pas qu'il put avoir l'inhumanité de m'abandonner à l'embarras où sa connoissance m'auroit plongé. Il me demanda quelle seroit la somme que je desirerois pour arranger mes affaires ? Je répondis trois cent livres sterling, " vous pouvez-y compter, répliqua-t'-il. Finissez aujourd'hui avec les la Motte, & nous finirons ensemble demain.

Telle est la force irrésistible qui m'entraîna chez les Sieur & Dame de la Motte. Je passe sous silence la discussion fâcheuse qu'il fallut essuyer ; j'en fus quitte à meilleur compte que je n'avois pensé ; je produisis le mémoire original, qu'heureusement ils avoient redemandé ; mais l'expédient que m'avoit suggéré M. de Calonne de *dicter* au Comte, se trouva impraticable ; il avoit une fluxion sur les yeux ; il me pria de lui confier le mémoire pour quelques jours. Ma situation étoit si délicate qu'il y eut eu de la dureté à refuser ; je jugeai cependant convenable de prendre la précaution suivante ; j'envoyai chercher deux feuilles de papier timbré sur lesquelles nous *signames double*, entre nous, que *le mémoire que je lui remettois étoit détruit !*

Tranquille avec ce papier dans ma poche, je vis le lendemain M. de Calonne qui me donna quelque défaite pour ne point me compter l'argent promis ; il vouloit me faire signer une lettre qui le déchargeat de toute imputation & réclamation quelconque ; je ne m'y refusai pas, mais comme il vouloit communiquer le projet de cette lettre *ostensible* à M. Herries, la partie fut remise à un autre jour. M. Herries trouva la lettre à merveille ; je retournai le lendemain chez M. de Calonne, qui me donna la lettre à copier. Je transcrivis en tête l'écrit fait double entre M. de la Motte & moi. Il s'agissoit d'annoncer à la Reine que selon ses ordres, tout étoit fini. Cette lettre devoit encore avoir l'honneur de paroître sous les yeux de leurs Majestés. La lettre transcrite & duement signée ; il ne manquoit *pour finir ensemble* que de me compter trois cent livres sterling ; malheureusement M. de Calonne ne se trouvoit pas en argent dans ce moment là !!! le *bon sens* demandera s'il ne se trouvoit pas en plume ? Il y a apparence, car sûrement M. de Calonne avoit l'intention de me donner une traite sur son banquier.

A dater de ce jour M. de Calonne prit plus de mesures pour m'éviter que je ne fis de pas pour le joindre ; c'est beaucoup dire, en vérité. Je vais développer la raison de cette nouvelle conduite ; M. de Calonne en donne la clef dans son adresse au public. Ici il faut se rapeller ce que j'ai dit un peu plus haut du mémoire original resté *pour quelques jours* entre les mains de M. de la Motte & supposé brûlé. M. de Calonne m'apprend que vers ce tems là, le même M. de la Motte qui avoit certifié par écrit la destruction de ce manuscrit, l'avoit laissé trainer si négligemment sur son bureau que quelqu'un appartenant à l'Ambassade de France l'avoit examiné & y avoit reconnu les traces du crayon de M. de Calonne ; qu'en conséquence de cet *accident*, M. de la Motte allarmé pour la sureté de M. de Calonne l'avoit prévenu de quelqu'horrible complot qui se machinoit contre lui ; & avoit eu l'honnêteté de le lui rendre (ce mémoire déclaré brûlé) pour servir à jamais de palladium à sa réputation.

Ce narré de M. de Calonne est un peu tronqué ; j'aime mieux m'en tenir à la version de la Dame de la Motte parce qu'elle est plus vraisemblable & cadre mieux avec la conduite que tient avec moi M. de Calonne pendant deux mois qu'il m'évita pour donner tous ses soins aux Sieur & Dame de la Motte.

Ils disent positivement page 20 & 21 que M. de Calonne commença par leur prêter cent livres sterling ; ce dont il convient, mais il ne fait pas mention des sommes qu'il leur avoit payées & promises (pages 28 & 50) en un mot il paroît évident que M. de Calonne s'est mis en possession, à prix d'argent, de ces funestes mémoires qui *ne devoient être communiqués qu'à la Reine* ; qui avoient été compilés *par ordre exprès de sa Majesté*. Il faut avouer qu'indépendamment de l'argent, cette conquête a coûté à M. de Calonne beaucoup de soins & d'assiduités. C'est dans le cours des visites nombreuses qu'il faisoit à M. & à Madame de la Motte qu'il essayoit de les soulever contre moi en leur disant qu'il m'avoit fréquemment donné pour leur compte de l'argent que je gardois pour mon propre usage ; en les égayant de la lecture de mes lettres privées, & sur-tout en se rendant coupable de la seule monstruosité que je ne lui aie pas encore pardonnée ; car en vérité je lui pardonne tout le reste ; il poussa l'indiscrétion, dans une de ces séances, jusqu'à leur communiquer des secrets de famille que je lui avois confiés ! Mais, ô *bon sens*, admirez l'excellent esprit de cour. Tandis que toutes ces choses se passoient à mon insçu. Le lendemain même du jour dont il est parlé dans l'*adresse* de la Comtesse (page 27) au moment de son départ pour *Chatsworth*, M. de Calonne me reçut enfin &, se rapellant les trois cent livres sterling qu'il m'avoit tant fait attendre, il me dit: nous partons Madame & moi pour la terre de la Duchesse de Devonshire, je n'ai pas cet argent chez moi ; mais voilà cinquante livres sterling (1200), je ferai de retour dans onze jours & vous pouvez compter alors fur le refte; il partit, je ne l'ai vu depuis qu'une fois.

Un fait qu'il eft important de remarquer : c'eft qu'en me donnant ce dernier argent, il me tendit un petit morceau de papier non timbré, en me difant " mettez " pour memorandum," je répondis en riant que comme M. Herries m'avoit accoutumé aux billets, je lui en ferois un, & j'en fignai un *à volonté!* eufse-je fait pareille plaifanterie fi je n'eufse été perfuadé que nous *finirions* enfin dans onze jours?

Les onze jours expirèrent ; quelques femaines fuivirent je n'ai pas dans ma tête la mefure du tems qui s'écoula fans qu'il me fût poffible de joindre M. de Calonne. Enfin je le furpris un jour à l'improvifte, il me ferra la main à l'ordinaire, me rendit compte de fes courfes & finit par me parler ainfi. (Je veux répéter des expreffions gravées dans ma mémoire, parceque M. de Calonne parle mieux que je ne puis écrire.

" A çà mon cher Monfieur de la Tour, je fuis obligé
" de vous dire une chofe. C'eft que j'ai les plus grandes
" obligations, à Madame de Calonne, j'ai la plus grande
" confiance dans fes lumières, elle m'a beaucoup fer-
" monné fur cette affaire des la Motte qu'elle n'a
" jamais goutée, elle m'a toujours prédit que cela me
" cauferoit de la dépenfe & du chagrin & m'a con-
" ftamment diffuadé de leur donner un écu. Quant à
" vous, elle conçoit que vous y avez donné beaucoup
" de tems, que vous devez être dédommagé, & m'a
" confeillé de vous demander ce que vous defirez pour
" dédommagement (je crois que ces queftions me fu-
" rent faites en préfence de M. Herries.)"

Voir un homme qui a été, qui prend encore le titre de miniftre, chercher à fe dégager de fa parole fur l'avis de fa femme, n'eft pas un fpectacle ordinaire ; il ne dut pas être content de mon afpect.

Pour éviter les répétitions, j'établirai dans le précis de la lettre dont je vais parler la fubftance de la réponfe

D

que je lui fis ; je n'y mis point d'aigreur mais la fierté inséparable d'un homme bien né.

Je sens tout cela, me dit-il ; mais Madame de Calonne ne vous connoit pas . . . écoutez comme les petites affaires pécuniares qui ont eu lieu jusqu'à présent entre nous se font faites à titre d'emprunt ; il faut que vous disiez comme moi : écrivez moi ; (encore une lettre ostensible) tout ce que vous venez de me dire. Faites mention de la sûreté collatérale dont vous venez de me parler, *je lui montrerai* cette lettre, & je la ramenerai à la raison. *Parlez-moi de ce que vous produit annuellement votre plume. Entrez dans quelques détails sur la personne qui joindroit sa signature à la vôtre* ; j'arrangerai l'affaire. O *bon sens* à qui je dénonce de pareils procédés vous n'êtes pas plus indigné que je le fus ; mais vous me fermâtes la bouche ; vous vous pénétrâtes de la situation à laquelle M. de Calonne m'avoit réduit ; vous me conseillâtes de faire encore cet essai.

Je m'y déterminai donc. Je fis plus que M. de Calonne n'avoit *conseillé* de faire : &, sous une enveloppe adressée au mari, j'écrivis directement à la femme.

Je lui disois qu'ainsi que M. de Calonne me l'avoit observé, elle ne me connoissoit pas ; que ce n'étoit pas une raison pour empêcher son mari de tenir sa parole, que la question qu'il m'avoit faite de sa part n'étoit pas susceptible de réponse ; qu'accoûtumé pendant nombre d'années à gagner de 1000 à 1200 livres sterl. avec ma plume, on me surprenoit dans un moment où n'ayant point d'ouvrage suivi, je me contentois de gagner sur le pied de deux mille écus, à traduire pour les libraires. Qu'au surplus je n'étois point un mercenaire ; que je n'avois point entrepris de travailler à la journée ou à la toise pour M. de Calonne ; qu'il m'avoit constammant fait entendre que je travaillois pour une souveraine ; que j'aurois accepté d'une grande Princesse une *récompense* proportionnée à mes services ; mais que j'étois au-dessus de tout salaire. Qu'ayant fait tout ce qui étoit en mon pouvoir pour rendre service ; un service en valoit un autre ; que je m'étois borné à un emprunt de deux mille écus, qu'il m'étoit folemnellement promis & que je ne demandois que l'exécution d'une parole folemnelle.

Telle eft la fubftance de ma lettre. Si M. de Calonne a jamais befoin de la produire au procès, je l'invite à en retrancher quelques lignes contenant ce que j'ai déja défigné fous le titre de *Secrets de Famille*. Je fuis en droit d'infifter fur ce point, par ce que ce fragment ne peut lui être d'aucune utilité ; il manqueroit, aux loix de l'honneur en le produifant, & je le préviens qu'elles font facrées pour moi.

Je ne fache rien qui fe foit pafsé entre la date de cette lettre & le fameux 20 Octobre que me rappelle le pamphlet de la Dame de la Motte ; jour auquel il me fit l'hiftoire (démentie par fon Excellence) qu'il avoit reçu de M. l'Ambaffadeur de France une lettre qui lui notifioit que la reine entendoit qu'il n'eut plus de commerce avec moi. O grande Reine ! s'il eft vrai que vous ayez jamais vû mes lettres, il ne peut être entré dans votre belle ame de m'en vouloir, vous n'avez pu vous méprendre à mes motifs, & je fuis perfuadé que fi je pouvois me jetter à vos pieds, vous défavoueriez M. de Calonne. Je fupprimerai les détails de notre entretien ; ils ne purent être agréables pour M. de Calonne ; on ne parle pas avec un grand fond d'eftime à un homme, lorfqu'il nous a donné le droit de lui reprocher qu'il manque à fa parole. Je le quittai en lui annonçant pour le lendemain une lettre qui fut plus vive que je ne l'écrirois aujourd'hui, & que je n'aurois pas publiée au plus fort de mon reffentiment. C'eft ainfi que paffe la gloire du monde ; c'eft ainfi que fe font terminées mes liaifons avec M. de Calonne. Rien ne nous rappelle à des fouvenirs refpectifs que le malheureux procès dont il faut dire quelques mots. Au moment de notre rupture les chofes étoient & continuent d'être fur un pied très-extraordinaire. J'avois travaillé quatorze mois à la fortune de l'exminiftre ; j'avois reçu fur une partie de mon travail (l'afile) 250 liv. fter. ; fur une négociation laborieufe 100 liv.

(28)

fter, & il avoit de mes billets pour 350 liv. fter. ! Reftoit par conféquent zéro! je n'avois rien reçu.

Je pris conseil : sur l'exposé de ce qui s'étoit passé entre lui & moi, on me dit prophétiquement qu'il nieroit tout, si je ne le liois pas par serment ; c'est ce qu'il vient de vérifier en imprimant dans son *adresse au public*, qu'à l'époque où Madame de la Motte annonça la publication de ses mémoires, il ne *m'avoit jamais vu!*

D'après cette décision, on procéda en chancellerie à un interrogatoire sur faits & articles (a bill in Chancery) auquel il n'a pas encore eu le loisir de répondre.

Le même motif qui me fait interjetter le présent appel au *bon sens*, détermina alors mon conseil à invoquer une cour d'équité ; l'équité & le bon sens sont frère & soeur.

A un tel tribunal, M. de Calonne aura beau dire que je n'ai point de *titre écrit* contre lui ; on lui répondra que j'en aurois s'il ne m'en avoit pas visiblement dépouillé, mais qu'il m'en reste d'aussi sacrés, quoique moins positifs, dans la juste évaluation non-seulement de mon tems auquel il ne lui appartient pas de mettre un prix ; mais des torts immenses qu'il m'a faits & des dommages qui en résultent. A un tel tribunal, on confidérera non-seulement la durée, mais la nature délicate de mon travail, on calculera la disproportion infinie qui se trouvoit entre l'expectative de M. de Calonne & la mienne : il aspiroit à un retour de faveur, au pouvoir, à un accroissement d'opulence ; moi, en supposant qu'il m'eut payé, j'étois borné à £. 2500 ! enfin, à un tel tribunal on discernera que depuis le 23 Decembre 1787, jusqu'au 20 Octobre de l'année suivante, M. de Calonne ne m'a pas dit un mot, ne m'a pas fait écrire une ligne qui, sous prétexte de tendre à ma fortune, ne tendit directement à ma perte. Mes amis, aussi respectables que nombreux, savent, m'ont dit à diverses reprises, ce que je ne sentois que trop ; qu'il eut été heureux pour moi de mourir le jour où je formai la funeste connoissance de M. de Calonne ; par la raison que ce jour là je jouissois de tout, ce qui attache au monde, de la réputation la plus pure ; de ce qu'on appelle en Angleterre *le caractère* le plus intact, & depuis ce moment là, je me trouve au moins dans le cas de l'épouse de César qui ne doit pas même être soupçonnée. M. de Calonne avec toute son opulence n'a pas plus les moyens que la volonté de me dédommager de ce chagrin dévorant.

Je ne puis donc aspirer qu'aux compensations palliatives, c'est-à-dire pécuniaires. Puisqu'il m'y a autorisé en me compromettant dans son *adresse* ; je parlerai ouvertement de mes intérêts ; j'anticiperai sans scrupule sur tout ceque pourront dire au sanctuaire de la justice les jurisconsultes éclairés qui, instruits du dénuement absolu auquel M. de Calonne m'a livré, *de propos délibéré*, ont eu la noblesse d'entreprendre ma défense, sans calculer mes facultés.

Il est évident, d'après l'évènement, que M. de Calonne, en m'employant dans cette déplorable négociation, avoit fait le calcul suivant.

" Si je parviens à intimider la Reine, je puis être
" rappellé au ministère ; ou, au moins, on me rendra
" mon cordon bleu ; dans ce cas je payerai à M. de
" la Tour les deux mille cinq cent livres sterling que
" je lui ai promis ; si je ne réussis pas, je ne lui paye-
" rai pas un chelin, & je me vengerai en excitant la
" Dame de la Motte à imprimer ses mémoires."

Il est impossible que le public voie la chose autrement ; cette vérité perce même dans sa défence *maladroite* qu'il a intitulée *adresse* ; on y voit avec quel acharnement il tourmentoit la reine ; on y voit qu'il a fourni aux Sieur & Dame de la Motte diverses sommes qui les ont mis enfin en état d'imprimer leurs mémoires, en sorte que, pour se féliciter d'avoir rempli toutes ses vues, il ne lui manqueroit plus que de se débarasser de moi, moyennant les deux cent cinquante livres sterling, dont ma fierté & mon indignation s'etoient contentées au moment du dénouement.

Mais, quelle différence de ce moment à ceux qui ont suivi immédiatement après ; à ceux où M. de Calonne se rapprochant des Sieur & Dame de la Motte que (pour le coup) *il n'avoit jamais vus*, a confpiré avec eux contre moi ; m'a dénoncé à eux comme ayant gardé pour mon ufage différentes fommes qu'il m'avoit données pour eux ; s'eft concerté avec eux pour s'emparer du mémoire original, (ouvrage qui, de fon aveu, étoit condamné à la mort avant de voir le jour ; & dont je portois l'extrait mortuaire dans ma poche) & a fini par les mettre en état d'imprimer ce mémoire qu'il convient également n'avoir jamais été compilé que pour fatisfaire la curiofité de la Reine.

S'il m'eft permis d'attacher la plus légère importance à ce qui me regarde ; voilà certainement des confidérations d'un grand poids ; auffi c'eft infiniment moins fur le prix de mon tems & de mon travail que fur la nature de mes griefs que fe fondent mes réclamations ; j'infifte moins fur les *honoraires* qui me feroient dus comme agent employé, que fur les *dommages* que je dois efpérer comme agent lézé, facrifié, perdu.

RECAPITULATION.

Allons *bon fens*, mon cher ami, récapitulons. Il étoit bien mal à vous de m'abandonner lorfque je m'embarquai dans cette abominable négociation. Vous m'en vouliez fans doute ; il y avoit trois ans que je ne faifois que des fottifes, & vous vouliez m'en punir. Réconcilions nous, je ferai fage à l'avenir ; tirez moi de ce pas-ci. Vous voyez que fi j'ai été imbéciile, je n'ai pas été volontairement coupable ; que j'ai été premièrement entraîné par les difficultés de ma fituation dans les bras de la féduction, que vous m'y avez abandonné & que je n'ai plus fu ce que je faifois. Je vous ai fait mefurer la gradation des artifices employés pour me faire tirer les marrons du feu ; heureufement je n'en ai point tiré & cela me confole ; ils n'euffent point été pour moi, ils euffent été pour le finge qui en a provifion. Indépendamment de mon refpect, de mon amour inné pour mes fouverains, vous favez que je vis à une trop grande diftance de leurs auguftes perfonnes pour qu'ils ayent jamais pu irriter mes paffions,

& vous favez auſſi que tout le monde ne peut pas en dire autant. Quoique vous me laiſſaſſiez agir à ma tête, vous ſavez que toutes ces paperaſſes que je griffonois ne m'édifioient point du tout, mais vous ſavez auſſi que l'eſprit tentateur me diſoit que c'étoit la plus *importante* choſe du monde; vous n'ignorez pas que du moment où ma ſotte tâche a été finie je n'y ai plus touché; que je ne ſuis réſponſable ni des embelliſſements qui y ont été faits *au crayon,* ni de tous les enjolivements qui ont pu y être faits pendant les deux mois où j'ai perdu de vue auteurs & correcteur; vous ſavez en un mot que je n'ai mis la main à l'œuvre qu'autant que l'on m'a aſſuré que c'étoit par ordre ſupérieur, vous ſavez d'ailleurs que je n'ai pas fait fortune à ce jeu là; que tous mes tréſors ſe ſont évanouis, & que de tant de belles choſes promiſes il ne me reſte que trois cent cinquante livres ſterling de dette & un procès! Vous avez raiſon de rire; voilà une belle leçon, bon ami. O, diſgraciés ou non, comme je vais fuir les miniſtres; tout eſt né pour ces gens là, ils ne ſont nés pour rien. Je vous aſſure que je ſuis corrigé, que vous ſerez ſi content de moi que vous ne m'abandonnerez plus. Mais, ne pourriez vous pas me rendre un ſervice? Vous qui êtes ſi intimement lié avec la nation angloiſe, êtes vous auſſi familier avec la nobleſſe qu'avec le reſte des ſujets? Cela ne ſe trouve pas en tous païs; mais ſi cela étoit par exception en Angleterre; ſuggérez donc à ces grands lords, à ces grandes myladies dont M. de Calonne dit recevoir *des civilités,* que ce ſeroit charité de leur part de lui dire à l'oreille: qu'en Angleterre on ne marchande pas les talents au chelin & au petit écu; qu'il n'eſt pas d'uſage de ſe faire tirer l'oreille pour payer d'honnêtes gens qu'on a employés. Que lorſqu'on veut aller de pair avec les grands ſeigneurs, ce n'eſt pas en luttant de luxe avec eux; mais de généroſité ou même de ſimple honnêteté; qu'enfin, une conduite telle que celle qu'il a tenue avec moi, pourroit le replonger promptement dans l'état d'obſcurité qui l'attendoit à Londres.

F L

www.ingramcontent.com/pod-product-compliance
Lightning Source LLC
Chambersburg PA
CBHW060553050426
42451CB00011B/1884